ARALSEE
KASPISCHES MEER
Vansee
Urmiasee
arkemisch
Ninive
ASSYRIEN
an
frat
Mari
Tigris
MEDIEN
BABYLONIEN
Babylon
Susa
Ur
ARABIEN
PERSISCHER GOLF
ungefährer Verlauf der Haupthandelsrouten
0 150 300 Meilen
0 200 400 Kilometer

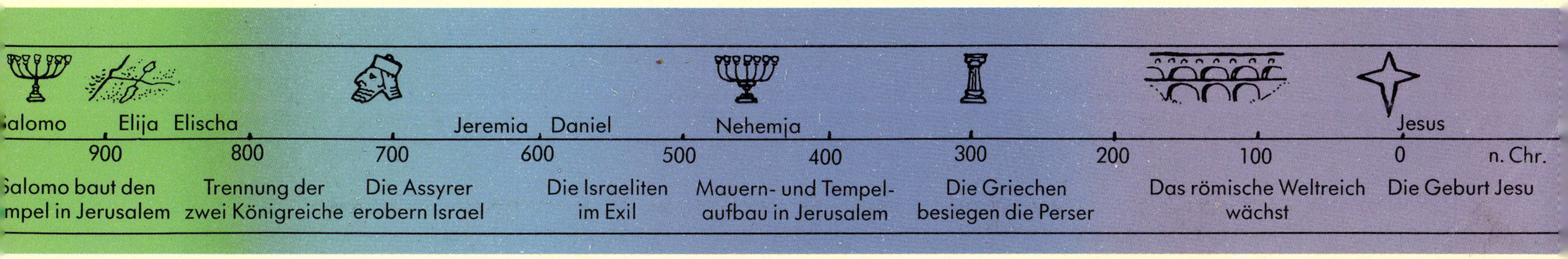

alomo
Elija
Elischa
Jeremia
Daniel
Nehemja
Jesus
900
800
700
600
500
400
300
200
100
0
n. Chr.
alomo baut den mpel in Jerusalem
Trennung der zwei Königreiche
Die Assyrer erobern Israel
Die Israeliten im Exil
Mauern- und Tempelaufbau in Jerusalem
Die Griechen besiegen die Perser
Das römische Weltreich wächst
Die Geburt Jesu

Legende für die Karten

Symbole

Auf den Karten kann man kleine Bilder oder Symbole sehen, die anzeigen, wo Ereignisse stattfanden oder von woher Dinge ihren Ursprung nahmen. Das folgende Verzeichnis gibt an, was sie bedeuten.

Orte und Ereignisse:

- Berg
- Quelle oder Süßwasserquelle
- Ort, an dem Menschen lagerten oder auf einer Reise Halt machten
- Burg oder befestigte Stadt
- Hafen
- Brunnen
- Ort eines Wunders von Jesus
- Ort einer Schlacht
- Ort, an dem ein Mahl oder ein Fest stattfand

Handelsgüter:

- Gold und Silber
- Zinn
- Kupfer
- Eisen
- Edelsteine
- Stoffe
- Gewürze
- Elfenbein
- Olivenöl
- Holz
- Getreide
- Trauben, Wein

Tiere:

- Kamel
- Esel
- Schaf
- Ziege
- Rind
- Pferd
- Fisch

Maßstab:

Auf jeder der großen Karten kann man einen Maßstab wie diesen sehen. Er bedeutet, daß ein Zentimeter auf der Karte hundert Kilometer in dem Land entspricht,

0 150 300 Meilen
0 200 400 Kilometer

das auf der Karte abgebildet ist. Entfernungen bedeuten nichts, wenn man nicht weiß, wie lange man von einem Ort zum anderen braucht. In biblischer Zeit gab es keine Autos, Züge oder Flugzeuge. Am schnellsten konnte man mit dem Pferd reisen, aber nur wenige hatten ein Pferd. Erinnere Dich an die längste Wegstrecke, die Du je gegangen bist und wie lang Du dafür gebraucht hast. Bedenke dann, daß die Menschen der Bibel oft mit alten Leuten und kleinen Kindern unterwegs waren. Sie führten meistens Schafe und Ziegen mit, die oft vom Weg abirrten. Wie schnell konnten sie vorankommen?

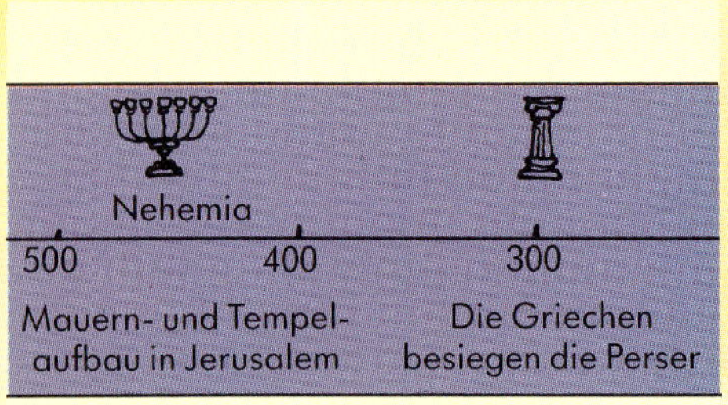

Zeitangaben und Orientierungskarten:

Die kleinen Schwarz-Weiß-Karten und die Zeitangaben für jedes Kapitel helfen zu erfassen, wann und wo Ereignisse stattfanden. Vergleiche sie mit den großen Karten und Zeitangaben ganz am Anfang und am Ende des Buches.

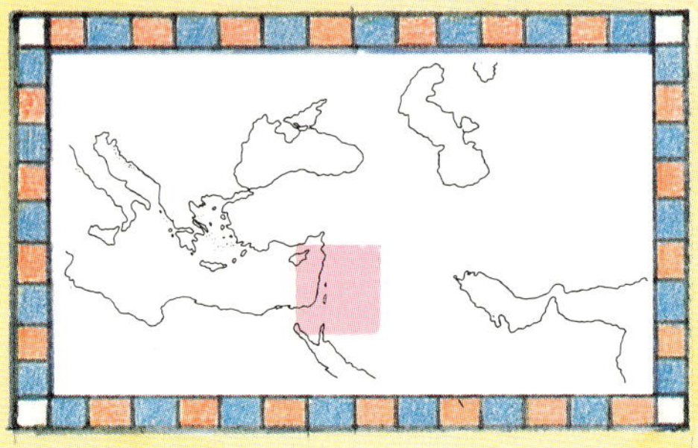

Bibelatlas für Kinder

Verfaßt von Nicola Baxter
Übertragen ins Deutsche von Dr. Walter Fröhlich
und Leonora Fröhlich-Ward B. A.
Wissenschaftlicher Berater: Professor R. P. Moss
Illustriert von Edgar Hodges

Inhalt

PATTLOCH VERLAG

Bildnachweis: Der Verlag dankt für die Erlaubnis folgende Bilder zu veröffentlichen:
S. 11 und 27: Nationaler Fremdenverkehrsverband von Griechenland
S. 6 und 7: Israelisches Fremdenverkehrsbüro in London
S. 13: Italienisches Fremdenverkehrsbüro in London
S. 14, 24, 27: Peter Clayton

Titel der englischen Originalausgabe:
"Children's Atlas of the Bible"

Deutsche Lizenzausgabe:
Pattloch Verlag, Augsburg

Satz: Uhl + Massopust, Aalen

Printed in Belgium
ISBN 3-629-01016-4

Am Anfang ...

Genesis 1–8

Die Bibel beginnt damit, daß sie den Leser an den Ursprung aller Dinge zurückführt. Sie beschreibt, wie Gott die Welt und alles in ihr und schließlich auch die Menschen erschaffen hat. Die Bibel lehrt uns, daß Gott mit allem, was er geschaffen hat, zufrieden war. Die Menschen aber waren etwas Besonderes. Gott übertrug ihnen die Verantwortung für alles auf der Erde. Heute haben wir immer noch diese Verantwortung, uns um die Welt zu sorgen und sie nicht durch Gedankenlosigkeit und Habgier zu zerstören.

In der Bibel aber steht, wie die Menschen Gott schon in ältester Zeit nicht gehorchten und ihre paradiesische Welt zerstörten. Bald waren sie so böse geworden, daß Gott eine große Flut sandte, um ihre Bosheit von der Erde zu waschen. Aber Gott wollte nicht seine ganze Schöpfung zerstören. Er erlaubte einem guten Mann und seiner Familie, der Flut zu entrinnen. Dies war Noa, seine Frau, deren Söhne und Frauen. Auf Gottes Anweisung bauten sie ein riesiges Schiff aus Holz und Schilf. In diesem Schiff, der Arche, wohnte die Familie ein Jahr lang in Sicherheit, gemeinsam mit je einem Paar der Tiere dieser Erde, während die Flut alles vernichtete und wieder zurückging. Als sie vorbei war, ließ Gott am Himmel einen Regenbogen erscheinen, als Zeichen dafür, daß er die Welt nie mehr durch eine Flut untergehen lassen würde.

Die Geschichten des Alten Testamentes ereigneten sich in einem ziemlich kleinen Teil der Welt, den man heute den Nahen Osten nennt.

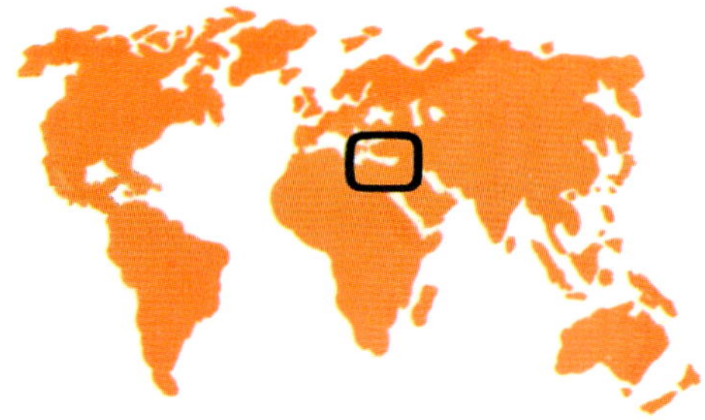

Sorge um die Welt

Pflanzen und Tiere sind in den Geschichten der Bibel sehr wichtig, da sie Essen und Trinken liefern und als Kleidung, Schutz und Reichtum dienen. Sie werden auch als Beweis angesehen für die Gegenwart Gottes in der Welt.

Die Bibel ist in drei Sprachen geschrieben; Übersetzer fanden es manchmal schwierig zu entscheiden, welches Tier bei einem hebräischen, aramäischen oder griechischen Wort gemeint ist. Schlage Deuteronomium 14, 4–5 in verschiedenen Bibelübersetzungen nach. Dann vergleiche was die Bibel sagt über die dort erwähnten Tiere und versuche herauszufinden, an welche Eigenschaften die Verfasser denken. Alle diese Tiere waren einmal in den Ländern der Bibel weitverbreitet, sind aber heute dort selten oder ausgestorben. Die Menschen, denen Gott seine Schöpfung anvertraute, jagten sie oder nahmen ihnen ihren Lebensraum weg.

Jjob 39,14–17; Klagelieder 4,3; Jjob 39,18

Jjob 39,6–8; Jeremia 2,24; 14,6

Richter 14,18; 1 Könige 7,29; Jesaja 33,4; 1 Petrus 5,8

Hosea 13,7; Jeremia 13,23; Jesaja 11,6

Die Abmessungen für die Arche Noas werden im Buch Genesis in Ellen angegeben. In alter Zeit verwendeten die Menschen Maßeinheiten, die von ihrem Körper bestimmt waren. Da die Menschen natürlich unterschiedlicher Größe sind, waren die Maßangaben nicht so genau wie heute.

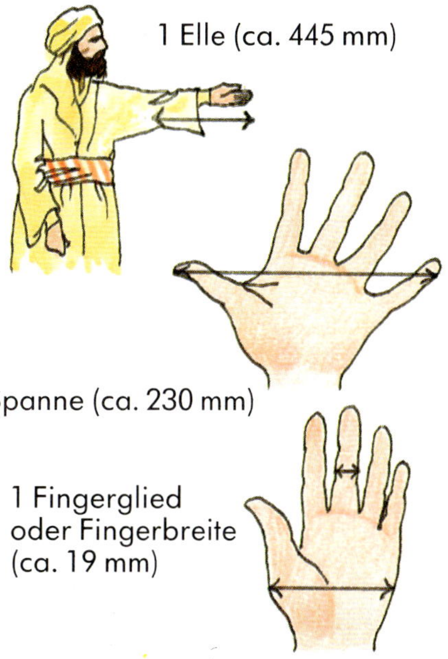

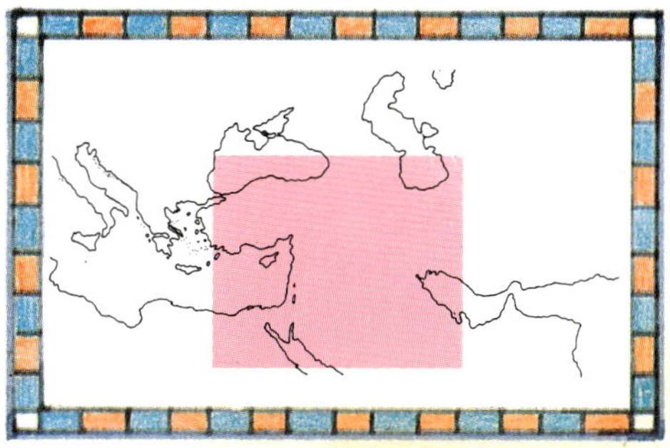

Länder und Klima des Nahen Ostens sind ein wichtiger Bestandteil der Geschichten des Alten Testamentes. Öde Wüsten, felsiges Hochland und fruchtbare Täler liegen dicht nebeneinander.

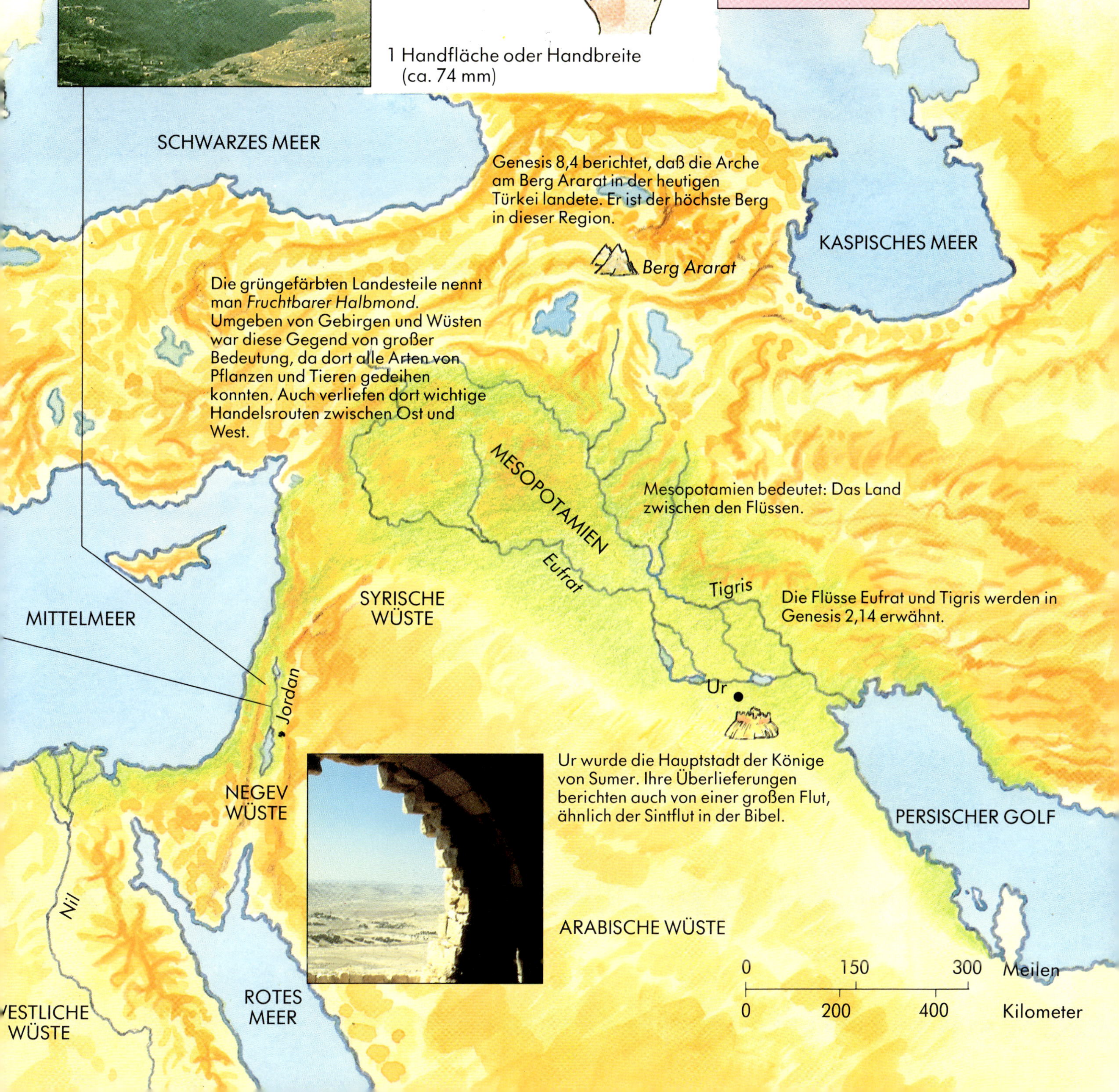

Abraham und Isaak

Genesis 12–27

Nach den Geschichten von der Erschaffung der Welt und den Lebensgeschichten von den Menschen in alten Zeiten konzentrieren sich die biblischen Schriftsteller auf eine Familie – die Familie Abrahams. Gott versprach Abram, wie er ursprünglich genannt wurde, daß er ihn in ein neues Land führen würde, und daß seine Nachkommen ein großes Volk werden würden. Abram folgte den Weisungen Gottes und machte sich auf den Weg in das Land Kanaan. Hungersnot zwang ihn eine gewisse Zeit nach Ägypten zu gehen, wo er ein reicher Mann wurde. Später kehrte er nach Kanaan zurück und ließ sich in dem Ort Hebron nieder. Abram war mit seiner Frau Sarai, seinem Neffen Lot und vielen Knechten und Sklaven unterwegs. Nach Kanaan zurückgekehrt, trennten sich Lot und Abram.

Abram und Lot lebten als Nomaden, die mit ihren Schaf- und Rinderherden von Ort zu Ort zogen. Aber die Gegend in die sie kamen war bereits besiedelt – es gab Städte und mächtige Herrscher, die sich bekriegten.

Gott wiederholte sein Versprechen Abram gegenüber, änderte seinen Namen zu Abraham und den seiner Frau zu Sara, d. h. »Vater der Menge« und »Herrin«. Sehr spät bekam Sara einen Sohn, Isaak. Als der Knabe noch klein war stellte Gott Abraham auf die Probe, indem er von ihm forderte, seinen einzigen Sohn zu opfern. Abraham gehorchte Gott und bereitete das Opfer vor. Als Gott sah wie fromm Abraham war, schickte er einen Widder, der an Isaaks Stelle geopfert wurde. Später heiratete Isaak Rebekka und sie bekam Zwillinge, Esau und Jakob. Nach dem Tod des Vaters wurde Isaak reich und mächtig, seine Söhne aber wurden bittere Feinde. Obwohl Esau der Ältere war, gelang es Jakob durch eine List, daß ihn Isaak zu seinem Erben einsetzte.

Schaf- und Rinderherden

Obwohl Abraham Gold und Silber besessen hat, waren seine Tiere sein wirklicher Reichtum. Er hatte eine große Anzahl von Kamelen, Ziegen, Eseln, Rindern und Schafen. Nomaden müssen ständig unterwegs sein, um neues Weideland für ihre Tiere zu finden. Grasfressende Tiere könnten dem Weideland großen Schaden zufügen, wenn sie zu lange an einem Ort bleiben. Tiere liefern den Menschen fast alles was sie brauchen: sie transportieren die Menschen und ihre Habe; sie liefern Fleisch als Nahrung, Milch als Getränk, Haut und Wolle um Schuhe, Kleidung und sogar Zelte – ihre Behausung – zu machen. Manchmal blieben Abraham und Isaak länger an einem Ort, um zu säen und zu ernten. Hauptsächlich lebten sie aber als Nomaden.

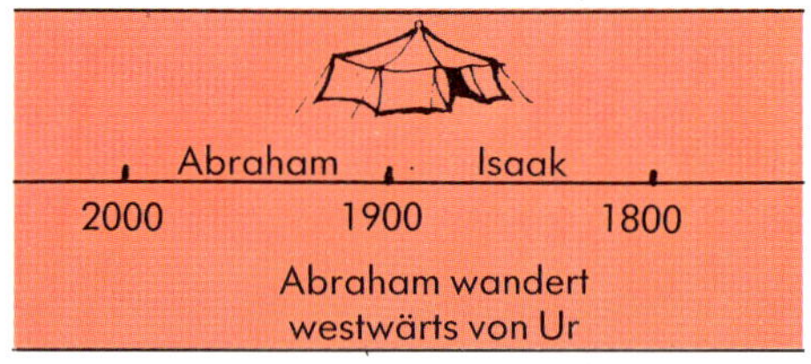

Abram wurde in Ur geboren, einer sehr großen Stadt mit prächtigen Gebäuden. Die unten abgebildeten schönen Gegenstände wurden alle bei Ausgrabungen in Ur gefunden. Bedenkt man das zunächst so wohlgeordnete Leben Abrahams, so erscheinen seine Wanderungen sehr wagemutig.

Im Lauf der Geschichte hat es immer Probleme gegeben, wenn Nomaden und seßhafte Menschen das gleiche Land in Besitz nehmen wollten. Abraham und seine Familie war reich, mächtig und erfolgreich. Fürsten wie Abi Melech schlossen Verträge mit ihm, um eine gute Nachbarschaft zu sichern. Wasser war auch damals schon sehr kostbar und oft Grund für Streitigkeiten, wie wir in Genesis 21,22–34 und 26, 12–35 sehen.

Genesis 11,1–9 erzählt die Geschichte vom Turmbau zu Babel. Um ihre Macht zu zeigen begannen die Menschen eine Stadt mit einem sehr hohen Turm zu bauen. Gott setzte dem Streben der Menschen, allmächtig zu werden, ein Ende. Er gab ihnen unterschiedliche Sprachen, so daß sie einander nicht mehr verstehen konnten. *Babel* ist wahrscheinlich das heutige Babylon, der Turm war wohl ein Stufentempel wie er unten zu sehen ist.

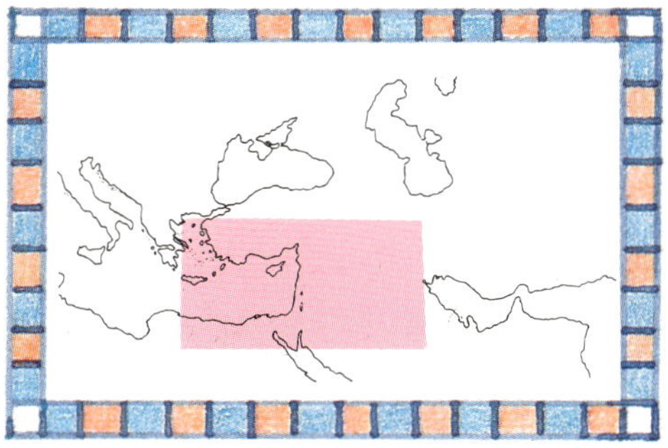

Diese Zelte aus gewebten Ziegenhaaren werden noch heute von den Beduinen verwendet. Die Zelte Abrahams waren wahrscheinlich diesen sehr ähnlich.

Die Wanderungen Abrahams

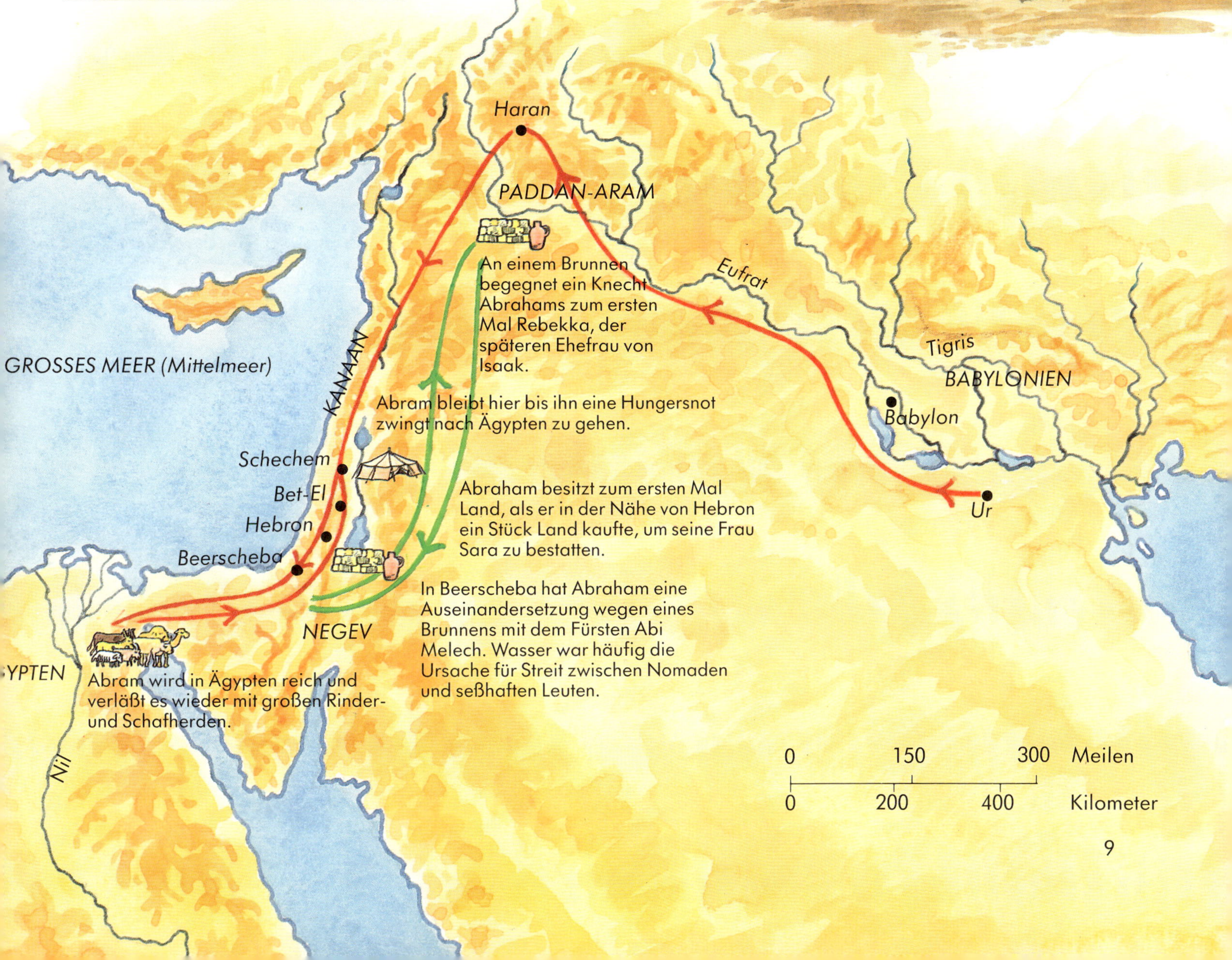

Jakob und Josef

Genesis 28–50

Nachdem er seinen Bruder Esau durch List um sein Erbe betrogen hatte, besuchte Jakob die Familie seiner Mutter in Paddan-Aram. Dort lernte er seine Kusine Rachel kennen und wollte sie heiraten. Zuerst mußte er aber ihrem Vater Laban versprechen, für ihn zu arbeiten. Im ganzen blieb er zwanzig Jahre bei Laban und wurde überlistet, Rachels ältere Schwester Lea zu heiraten; erst dann konnte er Rachel selbst heiraten. Jakob kehrte mit seinen Frauen, seinen 12 Kindern und den Schaf- und Rinderherden, die er in den Jahren, in denen er für Laban arbeitete, erworben hatte, nach Kanaan zu seinem Vater Isaak zurück.

Bei seiner Heimkehr versöhnte sich Jakob wieder mit seinem Bruder Esau, der jetzt in Edom lebte. In Bet-El sprach Gott zu Jakob: »Die Verheißungen, die ich einmal Deinem Großvater Abraham machte, sollen nun wahr werden.« – Und so wurde Jakob Vater eines großen Volkes, das von nun an »Israel« hieß.

Jakob machte kein Geheimnis daraus, daß Rachels Söhne Josef und Benjamin seine Lieblingssöhne waren. Diese Tatsache, zusammen mit den Träumen Josefs, in denen er ein besseres Leben führte als seine Brüder, verursachte Neid zwischen den Brüdern. Als sie einmal mit den Schafherden umherzogen, verkauften die Brüder Josef in die Sklaverei und sagten ihrem Vater, daß ein wildes Tier ihn getötet hätte.

Josef wurde nach Ägypten gebracht, wo er ein ärmliches Leben führte, bis der Pharao zwei Träume hatte, die ihm seine Ratgeber nicht erklären konnten. Josef aber konnte die Träume richtig deuten: es würde sieben gute Jahre in Ägypten geben, denen sieben Jahre Hungersnot folgen würden. Josef konnte den Pharao beraten, wie er diese Krise meistern könne. Daraufhin wurde Josef ein sehr einflußreicher Mann.

Die Hungersnot, die in Ägypten herrschte, erfaßte auch Kanaan. Als Jakob erfuhr, daß es in Ägypten Getreide gab, schickte er einige seiner Söhne dorthin, um Lebensmittel zu kaufen. Sie mußten mit Josef verhandeln, der sich erst nach einiger Zeit seinen Brüdern zu erkennen gab. Eine Weile später kam Jakob mit seiner ganzen Familie, um unter Josefs Schutz in Ägypten zu leben. Erst viele Jahre danach kehrte das Volk Israel nach Kanaan zurück.

Jakob schenkte Josef ein besonderes Gewand, um seine große Liebe zum Ausdruck zu bringen. Ältere Bibelübersetzungen sagen, daß das Gewand bunt war. Zu dieser Zeit war die Kleidung der armen Menschen meist weiß, braun und schwarz, wie die natürlichen Farben der Schafswolle. Josefs Gewand war wahrscheinlich in den Farben rot, blau und purpur gefärbt, weshalb es sehr teuer war.

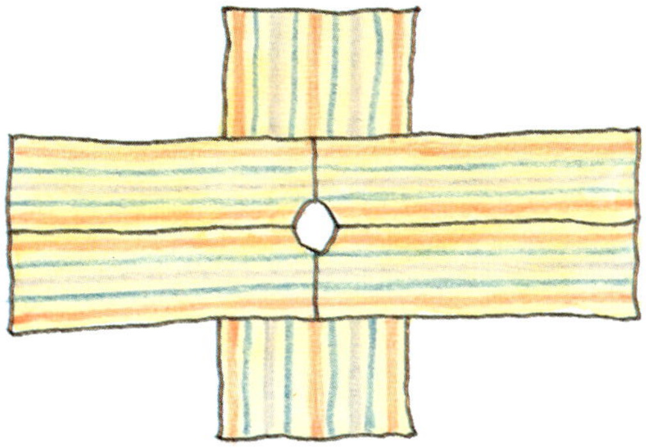

Getreide aus Ägypten

Die Ägypter nutzten das besondere Klima und den Boden in ihrem Land optimal aus. Jedes Jahr im Juli ließen starke Regenfälle den Nil anschwellen und das Tal überfluten. Bis Ende Oktober ging das Wasser wieder zurück und ließ eine Schicht fruchtbaren Schlammes zurück, der von den Bergen Äthiopiens heruntergewaschen worden war. Die Verbindung dieser fruchtbaren Erde mit dem Wasser des Nils und den warmen Temperaturen versetzte die Ägypter in die Lage, riesige Mengen von Getreide und anderen Feldfrüchten anzubauen und zu ernten. Die Flut des Nils war jedoch nicht immer sehr zuverlässig. In einigen Jahren gab es nicht genug Wasser, dann wieder zuviel, was große Schäden verursachte. Dadurch gab es Hungersnöte, wie jene zu Josefs Zeit.

Ägyptische Bauern bei der Arbeit.

Das Leben am ägyptischen Königshof war üppig und bequem. Es war sicher ganz anders als das Leben eines Schäfers, das Josef vorher geführt hatte.

Bei den Ägyptern wurden die Körper der Toten konserviert oder einbalsamiert, wobei man Salz und Gewürze verwendete und dann den toten Körper in Tücher einwickelte und in einen hölzernen Sarg legte. Auf diese Art und Weise wurde auch Josefs Körper nach seinem Tod einbalsamiert.

Jakobs und Josefs Wanderungen

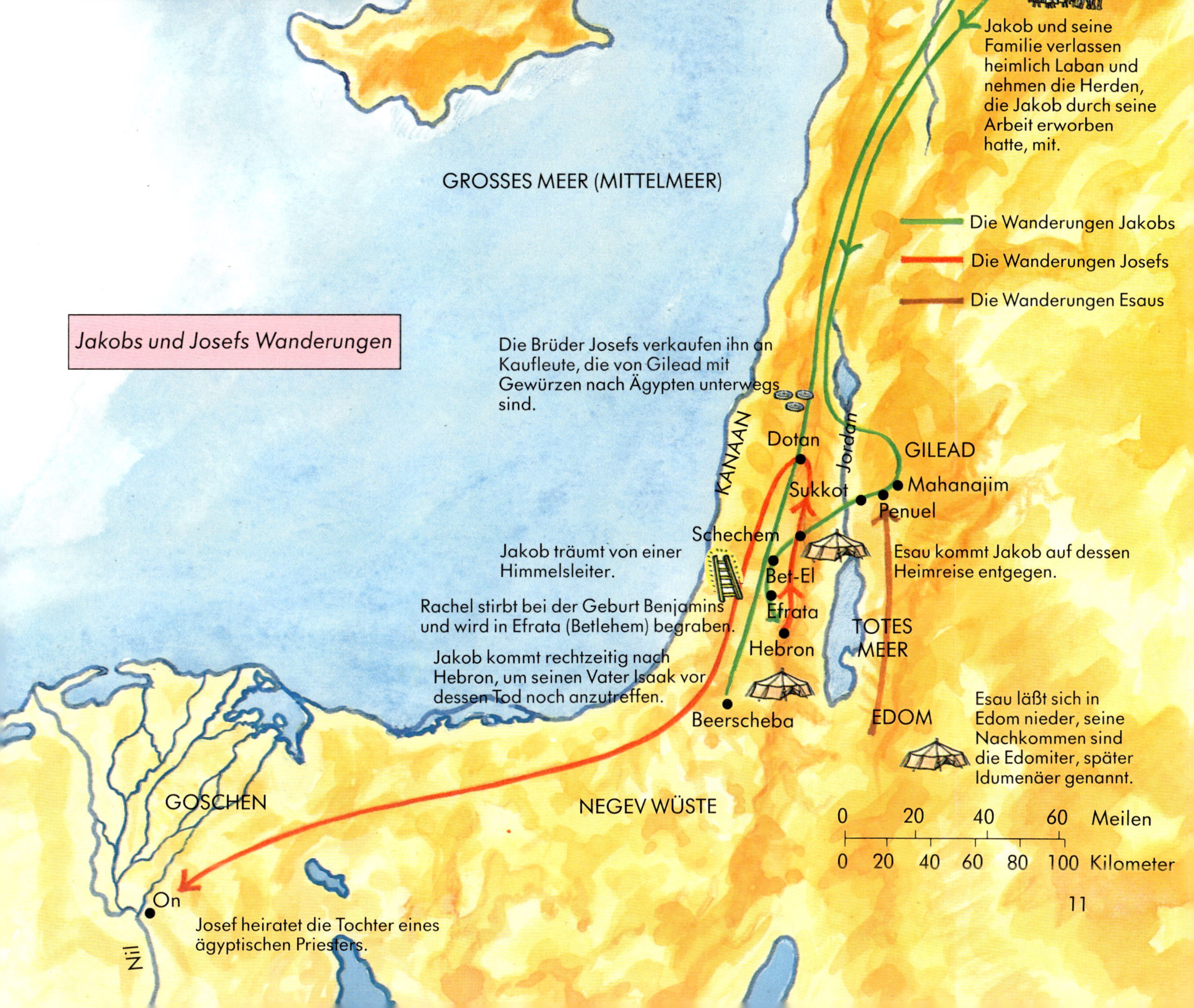

Die Flucht aus Ägypten

Exodus; Leviticus; Numeri; Deuteronomium

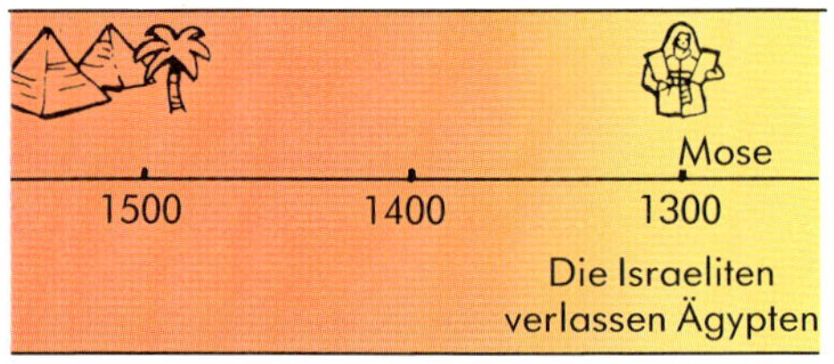

Die Israeliten lebten über fünfhundert Jahre in Ägypten, wo sie zu einem großen und mächtigen Volk heranwuchsen. Da der Pharao fürchtete, daß sie Ägypten beherrschen würden, machte er sie zu Sklaven, um sie zu unterdrücken. Als die Anzahl der Israeliten weiter anwuchs, befahl der Pharao, daß jeder Knabe der Hebräer nach der Geburt ertränkt werden sollte.

Eine Frau war entschlossen, ihren Sohn zu retten. Sie versteckte ihn im Schilf am Ufer des Nils, wo er von der Tochter des Pharaos gefunden wurde. Diese erzog ihn wie einen adeligen Ägypter und nannte ihn Mose, was soviel bedeutet wie »Der aus dem Wasser herausgezogen ist«. Das Leben des Mose war viel besser als das eines Sklaven, aber er wußte aus welchem Volk er stammte. Eines Tages, als er bereits erwachsen war, tötete er einen Ägypter, der einen hebräischen Sklaven mißhandelte. Seine Untat wurde entdeckt, und er mußte nach Midian fliehen, wo er heiratete und einen Sohn bekam.

Gott hatte seine Verheißung, seinem auserwählten Volk ein eigenes Land zu geben, nicht vergessen. Er beauftragte Mose nach Ägypten zurückzukehren und sein Volk in die Freiheit zu führen. Mose zögerte, aber mit der Hilfe seines Bruders Aaron gehorchte er Gottes Befehl.

Natürlich wollte der Pharao die Hebräer nicht ziehen lassen. Darum sandte Gott zehn Plagen auf Ägypten herab. Bei der letzten Plage wurden in einer Nacht alle Erstgeborenen der Ägypter getötet. Da die Hebräer der Weisung Gottes folgten, entgingen sie diesem furchtbaren Schicksal und vor Tagesanbruch waren sie schon zu ihrer langen Wanderung aufgebrochen.

Die wahrscheinliche Route dieses Exodus – was *Weggehen* oder *Ausziehen* bedeutet – aus Ägypten kann man auf der Karte sehen. Das Volk verbrachte vierzig Jahre in der Wüste. Nur wenige, die Ägypten verlassen hatten, kamen in dem verheißenen Land an. Bevor Mose starb, benannte er Josua als seinen Nachfolger.

Gesetze die das Essen betreffen:

Neben den Gesetzen, die Gott Mose gab, wie die Israeliten Gottesdienste feiern sollten, wie sie zusammenhalten sollten, und was sie tun sollten, wenn sie krank wurden, gab er auch Vorschriften, die bestimmten, was sie essen und was sie nicht essen durften. Tiere wurden in ›reine‹ und ›unreine‹ Nahrung aufgeteilt. Einige Beispiele sind hier und in Leviticus 11,12–47, und Deuteronomium 14,3–21 aufgeführt. Gott gab auch Weisung, wie Speisen vorbereitet werden sollten. Viele Juden befolgen diese Gesetze bis heute. Sie nennen die Nahrung, die sie essen können kasher oder kosher.

Auf dem Berg Sinai gab Gott Mose diese zehn Gebote, damit sie das Volk der Israeliten befolge. Er machte mit ihnen eine Art Vertrag (einen Bund), um ihnen zu zeigen, daß sie sein auserwähltes Volk waren. Auf der Wanderung gab es wiederholte Male Ereignisse, wo das Volk nicht wußte, was es tun sollte. Aus diesem Grund gab Gott ihnen Gesetze. So wußten sie, wie sie nach Gottes Willen leben sollten. Er gab Mose auch Hunderte von Vorschriften, wie sie leben und beten sollten. Einige dieser Vorschriften betrafen das Essen, wie man unten lesen kann. In Exodus, Numeri, Deuteronomium und Leviticus sind diese und andere Gesetze in allen Einzelheiten aufgeschrieben.

Hab keinen anderen Gott außer mir.

Bete kein Götzenbild an.

Sprich meinen Namen nicht leichtfertig aus.

Arbeite nicht am Sabbat, der ein besonderer, heiliger Tag ist.

Achte und ehre deinen Vater und deine Mutter.

Töte niemanden.

Brich nicht die Ehe.

Stehle nicht.

Erzähle keine Lügen.

Sei nicht neidisch auf das was einem anderen gehört.

Exodus 20,1–17; Deuteronomium 5,6–21

In der Nacht, in der die Erstgeburt jeder ägyptischen Familie getötet wurde, befolgte das Volk Israel die Weisung Gottes und bereitete ein besonderes Mahl vor. Es wird Pesach oder Pascha = Vorübergang genannt, weil der Tod an den Häusern der Israeliten vorüberging. Bis heute feiern die Juden in der ganzen Welt jene Nacht und ihre Befreiung von der Sklaverei mit dem Paschamahl. Die Christen erinnern in jedem Gottesdienst bei der Hl. Kommunion an das letzte Abendmahl (Paschamahl), das Jesus mit seinen Jüngern feierte.

Exodus 12,12– 13: 10; Markus 14,12– 31

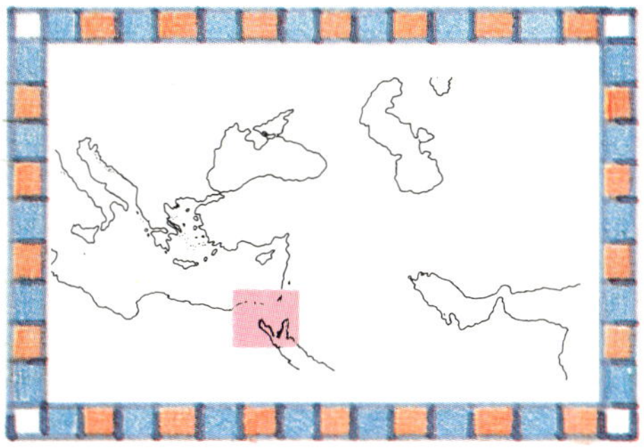

Die wahrscheinliche Route, die das Volk Israel auf seiner Wanderung von Ägypten nach Kanaan unternahm. (Das Buch Exodus enthält eine genaue Liste der Orte an denen sie vorbeikamen.)

Das Volk Israel brauchte einen sicheren Ort, um all die Gesetze Gottes auf ihrer Wanderung aufzubewahren. Deshalb gab Gott ihnen genaue Anweisungen für eine Truhe, in der sie aufbewahrt werden sollten. Diese wurde die Bundeslade genannt.

Exodus 25,10–22; Deuteronomium 10,1–5.

Das Verheißene Land

Josua; Richter

Als die Israeliten Kanaan erreichten, konnten sie nicht einfach einwandern und das Land in Besitz nehmen. Wie zur Zeit Abrahams war das Land bereits besiedelt; es gab Städte und mächtige Herrscher. Die Israeliten konnten nicht ohne Probleme mit den Ureinwohnern zusammenleben, weil es zu viele waren. Außerdem hatte Gott ihnen versprochen, daß das Land ihnen gehören würde. Das Volk Israel brauchte einen großen Feldherrn. Und so wurde Josua der neue Anführer der Israeliten.

Nachdem sie den Jordan überquert hatten, führten die Israeliten eine Reihe von Schlachten, um wichtige Siedlungen der Kanaaniter zu besetzen. Zuerst eroberten sie Jericho und Ai. Die Nachricht von diesen Siegen verbreitete sich rasch in allen Teilen Kanaans. Deshalb beschlossen die Fürsten von Kanaan sich zu verbünden, um die Eindringlinge zu vertreiben. Als die Israeliten die Fürsten besiegt hatten, gab es immer noch viele Siedlungen der Kanaaniter, die nicht erobert waren. Deshalb teilte Josua das Land unter den verschiedenen Volksstämmen auf. Ehe er starb, ermahnte er die Israeliten, ihrem Gott treu zu bleiben und nicht in Versuchung zu kommen, den Gebräuchen und Göttern der Kanaaniter zu folgen. Trotz der Warnung Josuas fiel es den Israeliten in den folgenden Jahren schwer, den Glauben an Gott zu bewahren; diese Jahre werden die Zeit der Richter genannt. Die Israeliten hörten auf, die Gesetze Gottes zu befolgen; sie verloren gegen ihre Feinde. Da nahm ein Richter die Sache in die Hand, bekämpfte die Feinde und erinnerte die Israeliten an Gottes Plan. Einer der bekanntesten Richter war Samson. Diese Richter handelten nicht immer ehrenvoll oder nach dem Gesetz, aber alle glaubten sie tief an Gott. Der letzte Richter, Samuel, führte die Israeliten in eine neue Epoche ihrer Geschichte.

Die erste aller Schlachten ging um Jericho, eine wichtige Stadt in Kanaan. Nach der Weisung Gottes marschierte die Armee der Israeliten sechs Tage um die Stadt herum, wobei sie auf Widderhörnern, wie das oben abgebildete, bliesen. Am siebten Tag, nachdem sie sieben mal um die Stadt herummarschiert waren, brach die Armee in ein großes Geschrei aus und eroberte die Stadt. Manche glaubten, daß das Herummarschieren die Mauern der Stadt erschüttert und geschwächt hat. Außerdem hat das beständige Stampfen draußen vor den Mauern und die Unsicherheit, wann der Angriff erfolgen würde, die Einwohner von Jericho sicherlich nervös gemacht.

In den letzten Jahren unseres Jahrhunderts wurden einige Städte Kanaans ausgegraben. Das Foto oben zeigt Jericho. Hier wurden alte Stadtmauern und Hinweise auf einen Brand gefunden. Man vermutet aber, daß diese Funde aus einer Zeit vor Josua stammen. Sonst ist über diese Stadt wenig bekannt.

Die Früchte des Landes

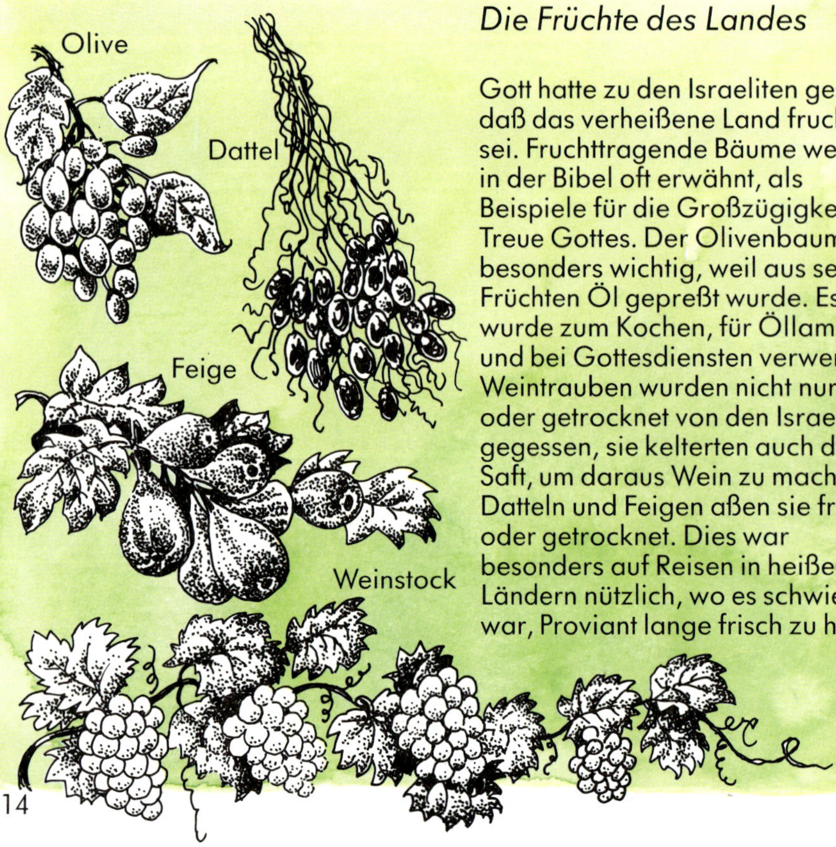

Gott hatte zu den Israeliten gesagt, daß das verheißene Land fruchtbar sei. Fruchttragende Bäume werden in der Bibel oft erwähnt, als Beispiele für die Großzügigkeit und Treue Gottes. Der Olivenbaum war besonders wichtig, weil aus seinen Früchten Öl gepreßt wurde. Es wurde zum Kochen, für Öllampen und bei Gottesdiensten verwendet. Weintrauben wurden nicht nur frisch oder getrocknet von den Israeliten gegessen, sie kelterten auch den Saft, um daraus Wein zu machen. Datteln und Feigen aßen sie frisch oder getrocknet. Dies war besonders auf Reisen in heißen Ländern nützlich, wo es schwierig war, Proviant lange frisch zu halten.

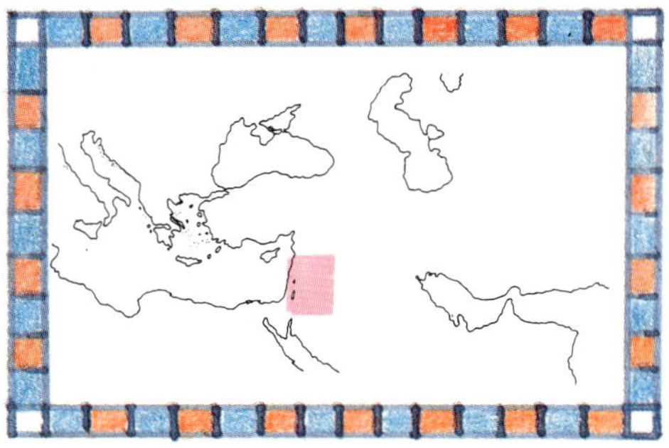

Während seines Lebens führte Josua die Israeliten in vielen Schlachten, um das Land, das Gott ihnen versprochen hatte, zu erobern.

Das Volk Israel wurde in zwölf Stämme aufgeteilt; jeder Stamm wurde nach einem Sohn Jakobs benannt und stammte von ihm ab. Als Kanaan nur zum Teil erobert war, folgte Josua Gottes Rat und teilte das Land unter den übrigen Stämmen auf. Denn einige Stämme hatten bereits von Mose Land bekommen. Die Ziffern auf der Karte zeigen, wo die Stämme siedelten. Der Stamm Levi, der aus Priestern bestand, bekam kein Land, weil ihnen eigentlich alles gehörte.

1. Ruben
2. Simeon
3. Levi
4. Juda
5. Issachar
6. Sebulon
7. Josef: geteilt in
   a) Efraim und
   b) Manasse
8. Benjamin
9. Gad
10. Ascher
11. Naftali
12. Dan

Die Bibel berichtet, daß das Volk der Philister im Südwesten von Kanaan lebte. Von ihnen stammt der Name Palästina. Wahrscheinlich sind sie mit einem Seevolk verwandt, das in früherer Zeit einmal Ägypten angriff.

Die Ersten Könige Israels

1 und 2 Samuel; 1 Könige 1–11; 2 Chroniken 1–9

Samuel war als Kind erzogen worden, Gott im Tabernakel, was Gottesdienstzelt bedeutet, in Schilo zu dienen. Er wurde ein anerkannter Richter in Israel, aber das Volk blieb Gott nicht treu, selbst als er ihm half, die angreifenden Philister zu besiegen. Als Samuel alt wurde, bat ihn das Volk, einen König zu ernennen, der über sie herrschen und für sie kämpfen würde. Sie meinten wohl, dies sei besser und leichter, als unter der Herrschaft Gottes zu leben. Samuel versuchte ihnen klarzumachen, daß ein König ihnen nicht immer nur helfen würde, sondern auch von ihnen etwas verlangen würde, aber sie blieben bei ihrer Meinung.

Deshalb krönte Samuel einen Mann namens Saul aus dem Stamme Benjamins zum König. Saul und sein Sohn Jonatan führten die Israeliten in vielen Schlachten gegen die Philister und andere Nachbarvölker. Saul war ein erfolgreicher Feldherr, aber er dachte mehr an Reichtum und sein Ansehen, als an Gott. Gott befahl Samuel einen anderen König zu suchen. Und so fand Samuel David, den Sohn von Isai aus Betlehem.

David diente am Hofe Sauls und erwarb sich den Ruf eines tapferen Kriegers. Das Volk liebte ihn mehr als Saul und er wurde ein guter Freund von Jonatan, dem Sohn des Saul. Saul aber haßte David und versuchte ihn zu töten. David versteckte sich eine Zeitlang. In einer Schlacht wurden Saul und sein Sohn getötet und David wurde neuer König von Israel.

Er unterwarf die benachbarten Feinde und erweiterte sein Königreich. Er machte Jerusalem zur Hauptstadt und hinterließ seinem Sohn Salomo ein starkes Königreich. Die Herrschaft Salomos war eine glückliche Zeit für Israel. Er schloß mit den Nachbarländern vorteilhafte Bündnisse und machte Israel zum Knotenpunkt vieler Handelsrouten. Aber Handel bedeutete nicht nur Import von Handelsgütern, sondern auch fremde Bräuche und Religionen, die nun in das Königreich einflossen. Selbst Salomo war an seinem Lebensende Gott gegenüber nicht treu.

Bauholz und Bäume

Salomo importiert viel Bauholz für seine großen Bauten. Es wurde in Balken geschnitten und die Küste entlang mit Schiffen transportiert. Zedernholz und Pinien kamen auf diese Weise aus dem Libanon. Heute gibt es nur noch wenige Bäume in den großen Wäldern des Libanon. Das Holz von Olivenbäumen wurde für feine Schnitzereien verwendet. Man benutzte auch ›Almuk‹holz, das wahrscheinlich Sandelholz war. Auch Eichen wuchsen früher üppig an den Hängen Palästinas. Abschalom, der rebellische Sohn Davids, verfing sich einmal mit seinen langen Haaren in einer Eiche und wurde hilflos zappelnd getötet.

1 Könige 5–7 und 2 Chroniken 2–4 berichten von der Pracht des Tempels, den Salomo in Jerusalem baute. Der Tempel war nicht etwa eine große Kirche für das Volk, sondern ein pompöses Gebäude, in dem die Bundeslade aufbewahrt wurde. Hier durften nur der König und die Priester zu Gott beten. Die Beschreibungen deuten daraufhin, daß er etwa so ausgesehen haben könnte.

Saul litt an einer Krankheit, die sich besserte, wenn David ihm auf der Harfe vorspielte. Harfen werden im Alten Testament häufig erwähnt und sahen wahrscheinlich so aus wie die unten abgebildete. Davids Harfe war aus Zypressenholz. David wurde zum ersten Mal als Soldat berühmt, als er den Philister Goliat tötete. Goliat war viel größer und viel stärker als David. Aber David konnte ihn aus einer größeren Entfernung, durch den geschickten Gebrauch einer Schleuder, töten, bevor Goliat in seine Nähe kommen konnte.

Die Bibel berichtet von der riesigen Menge Goldes, die Salomo beim Bau seines Tempels verwendete. Dieses Gold wurde in den verschiedensten Formen gefunden.

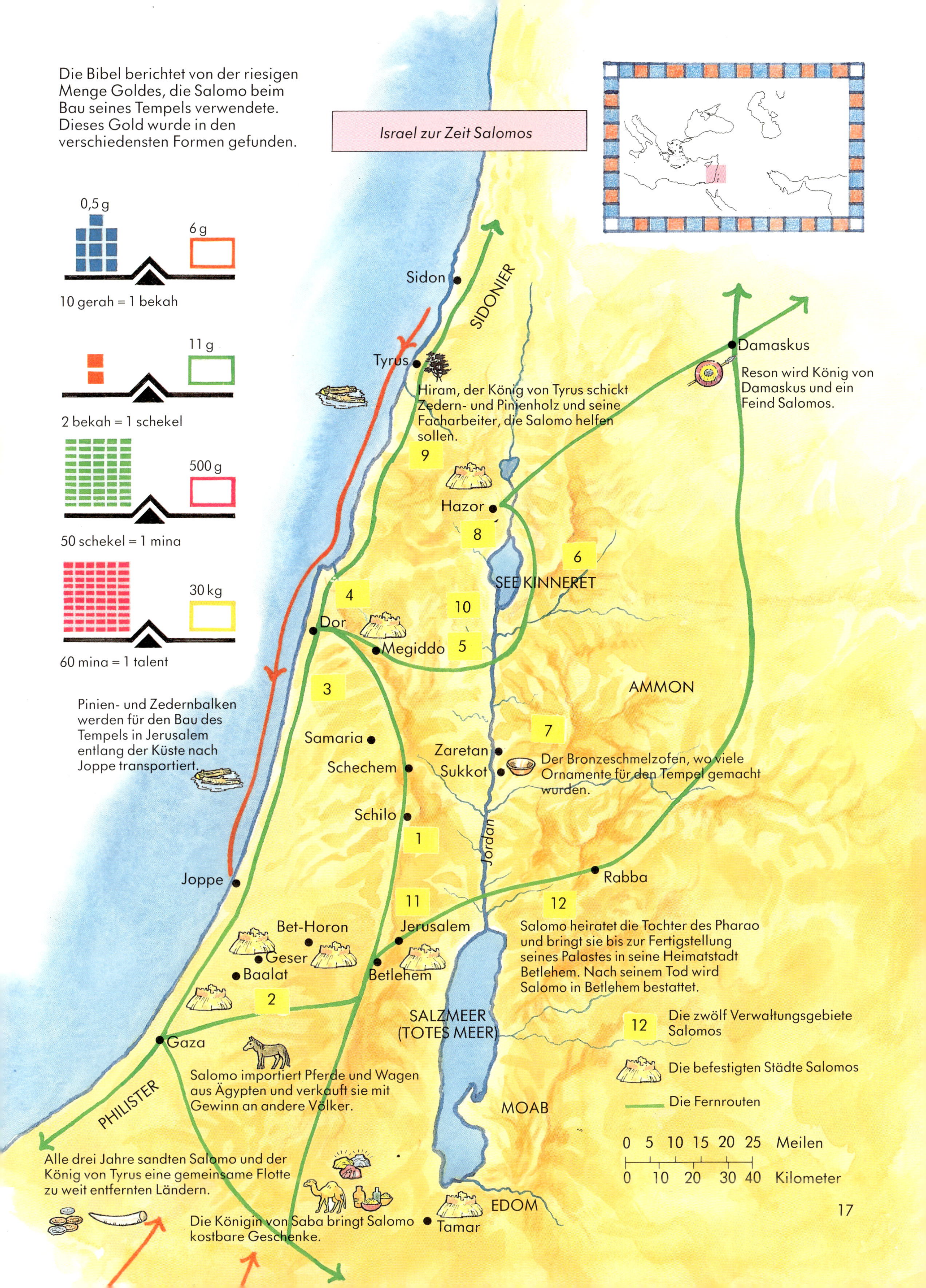

Die Teilung Israels

1 Könige 12–22; 2 Könige 1–19; 2 Chronik 10–32; Jesaja

Salomos Sohn, Rehabeam, war kein so weiser Herrscher wie sein Vater. Bald nachdem er König geworden war, wandte sich sein eigenes Volk gegen ihn und das Königreich wurde aufgeteilt in Israel im Norden und Juda im Süden. Israel wurde von Jerobeam regiert, der einmal von Salomo nach Ägypten verbannt worden war. Sowohl Israel als auch Juda wandte sich vom Glauben an Gott ab. Mit jedem nachfolgenden König wurde die Situation in beiden Königreichen immer schlimmer, obwohl einige von ihnen den Versuch machten, das Volk wieder zum Glauben an Gott zu bewegen. Unter der Herrschaft Ahabs warnte ein Prophet namens Elija vor der Verehrung anderer Götter, besonders vor dem Gott Baal.

Während dieser Zeit wurden Israel und Juda im Süden von Ägypten und im Norden von Aram (Syrien) angegriffen. Joschafat von Juda und Ahab von Israel kämpften zusammen um den Ort Ramot-Gilead im Osten von den Syrern wiederzugewinnen. Nach dem Tode Elijas ermahnte der Prophet Elischa die Herrscher und das Volk zum Glauben an Gott.

Im Lauf der Jahre griffen viele Völker Juda und Israel an. Sie waren eine Zeitlang erfolgreich, wurden aber später zurückgedrängt. Manchmal mußten Juda und Israel sich den Rückzug der Feinde durch Gold und Silber erkaufen. Die Könige Judas und Israels waren zeitweise Verbündete und manchmal Feinde; viele von ihnen herrschten nur für kurze Zeit. Während dieser ganzen Epoche wurden fremde Götter verehrt und dies oft mit Zustimmung der Könige.

Seit der Regierungszeit Ahabs wurde ein Feind mehr als alle anderen gefürchtet – die Assyrer. Eine Zeitlang konnten die Könige die Assyrer von ihren Ländern fernhalten, indem sie Tribut zahlten. Die Propheten dieser Zeit – wie Jona, Amos, Hosea und Jesaja – warnten vor der Gefahr, sich von Gott abzuwenden.

Im Alten Testament berichten viele Geschichten von den Versuchen der Israeliten, sich von Gott abzuwenden und sich der Verehrung des Baal, einer kanaanitischen Gottheit, zuzuwenden. Baal war ein Wettergott, von dem man glaubte, daß er den notwendigen Regen und Sonnenschein für die Ernte brachte. Sein Zeichen war der Stier. Deswegen schöpften die Judäer Verdacht, als Jerobeam goldene Stiere in Bet-El und Dan aufstellen ließ.

Vögel in der Bibel

1 Könige 17,4–6 berichtet davon, wie Raben dem Propheten Elija Nahrung brachten. Sie erscheinen in der Bibel wiederholte Male als Zeichen von Gottes Schutz. So schickte Noa einen Raben aus der Arche. Die Taube, die auch aus der Arche entsandt wurde, ist jedoch der Vogel, der am häufigsten in der Bibel erwähnt wird. Als Jesus getauft wurde erschien der Geist Gottes in der Gestalt einer Taube. Manche Wissenschaftler glauben, daß die häufig erwähnten Adler in der Bibel in Wirklichkeit Geier waren. Meistens wird von dem hohen, schnellen Flug des Vogels gesprochen, was für beide Vögel zutrifft.

Herrscher Israels

Jerobeam
Nadab
Bascha
Ela
Simri
Omri
Ahab
Ahasja
Joram
Jehu
Joahas
Joasch
Jerobeam
Secharja
Schallum
Menahem
Pekachja
Pekach
Hosea
Die Assyrer erobern Israel.

Herrscher Judas

Rehabeam
Abijam
Asa
Joschafat
Joram
Ahasja
Atalja
Joasch
Amazja
Usija
Jotam
Ahas
Hiskija
Manasse
Amon
Joschija
Joahas
Jojakim
Jojachin
Die Assyrer erobern Juda.
Zidkija

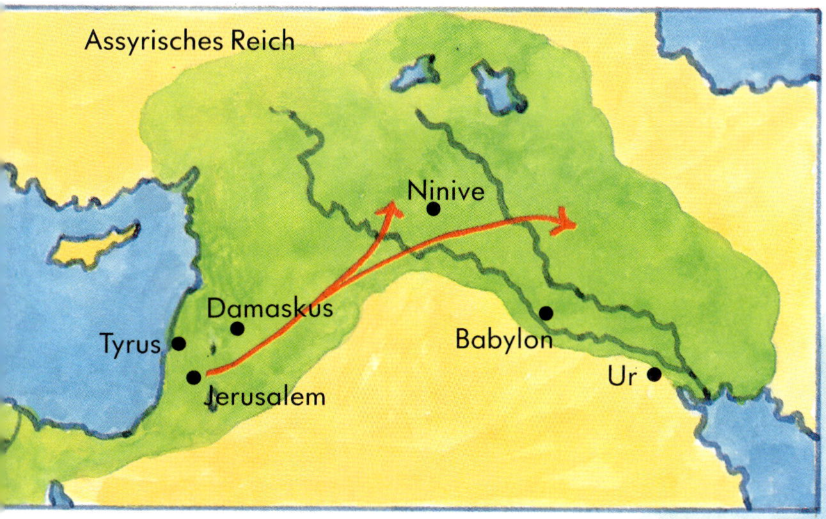

Die Assyrer waren die Ersten, die das gesamte Gebiet des Nahen Osten zwischen Eufrat und Nil eroberten. Tausende von Israeliten wurden nach Assyrien verschleppt, wie es die Pfeile anzeigen. Die Karte zeigt das Assyrische Reich auf seinem Höhepunkt um 630 vor Christus. Juda wurde ein unterworfenes Königreich der Assyrer, das jährlich Tribut bezahlte. Als später der Tribut nicht mehr bezahlt wurde, eroberten und besetzten die Assyrer das ganze Königreich.

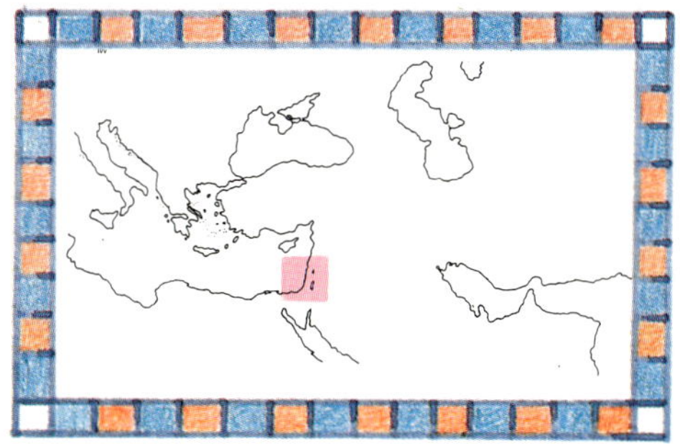

Die Königreiche Juda und Israel vor dem Angriff der Assyrer

Exil und Heimkehr

2 Könige 23,28–25:30; 2 Chronik 35,20–36; Esra; Nehemja; Jeremia 26–43, 52; Klagelieder; Ezechiel; Daniel; Haggai; Sacharja

Daniel — Nehemja

600 — 500 — 400

Die Israeliten im Exil — Mauern- und Tempelaufbau in Jerusalem

Nur hundert Jahre nach der Eroberung Israels wurde das Assyrische Reich selbst angegriffen und erobert. Juda wurde zum Schlachtfeld, als die Ägypter aus dem Westen auf die Babylonier aus dem Osten trafen. Die Juden befanden sich genau dazwischen. Sie zahlten entweder an die größeren Mächte Tribut oder erbaten Hilfe von den einen, um gegen die anderen zu kämpfen. Wieder warnten Propheten, wie z. B. Jeremia, vor der Gefahr und machten darauf aufmerksam, daß alles nur deshalb geschehen war, weil sie zerstritten waren und die Gesetze Gottes mißachtet hatten.

Schließlich wurde Jerusalem von den Babyloniern erobert und die ganze Bevölkerung, ausgenommen die Ärmsten, wurden nach Babylon verschleppt. Der Tempel in Jerusalem wurde zerstört und alle Schätze mitgenommen. In Babylonien wurden die Juden nicht schlecht behandelt; man erlaubte ihnen, ihre Bräuche und ihre Religion auszuüben. Der Verlust des verheißenen Landes jedoch war ein fürchterlicher Schlag. Es veranlaßte sie, über ihre Beziehung zu Gott neu nachzudenken. Nachdem sie den Tempel als Mittelpunkt ihres Kultes verloren hatten, begriffen die Juden, wie wichtig geschriebene Gesetze waren.

Kaum fünfzig Jahre nach dem Untergang Jerusalems wurde das Babylonische Reich von den Persern, unter der Führung des Königs Kyrus, erobert. Kyrus konnte das Riesenreich nicht alleine beherrschen. Er errichtete Provinzen und setzte in jeder einen Statthalter ein. Er erlaubte den Juden nach Jerusalem zurückzukehren und den Tempel wieder aufzubauen. Er gab ihnen auch noch Geld dafür und so konnten sie die Tempelschätze mit nach Hause nehmen.

Die Verbannten, die heimkehrten, wurden von Serubbabel, dem Enkel König Jojachins, angeführt. Einige Juden entschlossen sich jedoch, in Persien zu bleiben. Trotz eines begeisterten Anfangs, dauerte die Arbeit am Tempel sehr lang. Die Bauleute mußten von Haggai und Sacharja angetrieben werden. Erst hundert Jahre später kam Nehemja von Susa, um endlich die Mauern und Tore Jerusalems wieder aufzubauen.

Während des Exils in Babylon, als das geschriebene Wort Gottes immer mehr an Gewicht gewann, erhielten viele der Schriften des Alten Testamentes die Gestalt wie wir sie heute kennen. Eine jüdische Tradition besagt, daß Esra damals die Reihenfolge der Bücher des Alten Testamentes zusammenstellte. Die Juden teilen diese Bücher ein in das Gesetz, die Propheten und die Schriften. Im Neuen Testament wird damit oftmals das Alte Testament beschrieben. Die bis heute ältesten Abschriften dieser Bücher wurden 1947 in den Höhlen von Qumran am Toten Meer gefunden.

Die Feinde der Hirten

Hosea 13 vergleicht den Zorn Gottes, wenn sein Volk ungehorsam ist, mit der Wildheit eines Bären oder einer Löwin. Für Menschen, deren Lebensunterhalt von Schaf- und Ziegenherden abhängt, ist dies eine furchterregende Vorstellung. Selbst als die Juden nicht mehr Nomaden waren, waren diese Tiere von überragender Bedeutung. Im Alten und Neuen Testament werden Tiere, die die Herden der Hirten bedrohen, oft als Symbole für Stärke und Zerstörung erwähnt. Jesus bediente sich einer alten Überlieferung, als er sich in Johannes 10,11–16 als den guten Hirten bezeichnete.

Die wahrscheinlichen Bauabschnitte Jerusalems. Ein Großteil der ursprünglichen Stadt wurde nach dem Exil wieder aufgebaut.

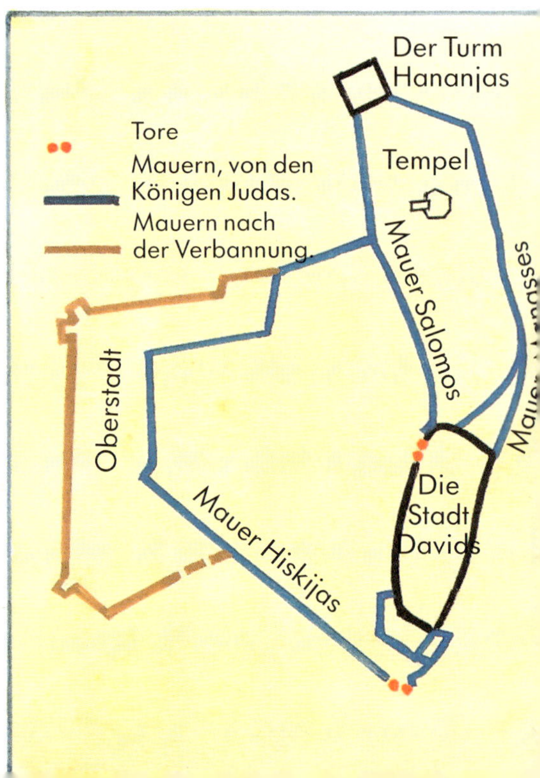

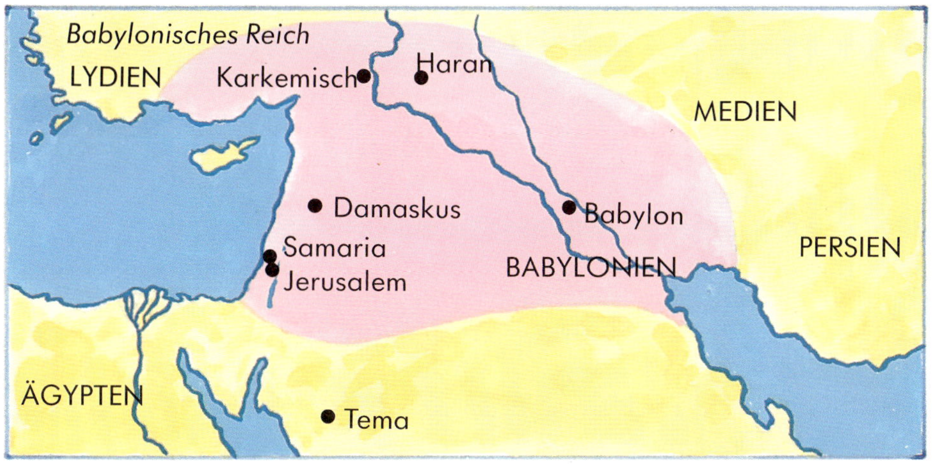

Das Babylonische Reich befand sich um 600 v. Chr. auf dem Höhepunkt. Der letzte König Babylons, Nabonid, wurde 539 v. Chr. von König Kyrus in Babylon gefangengenommen.

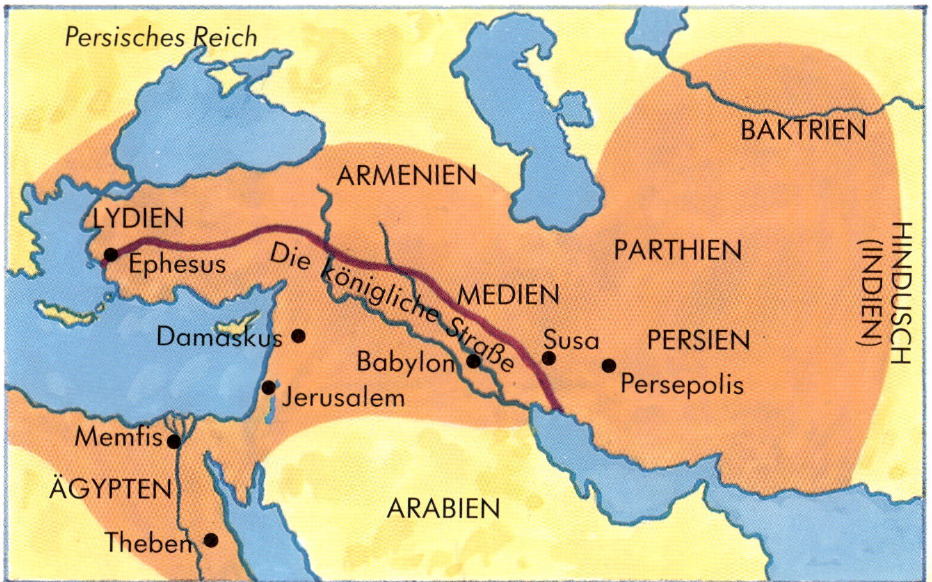

Das Persische Reich erreichte seinen Höhepunkt um 450 v. Chr. Entlang der königlichen Straße waren Posten zum Auswechseln von Pferden eingerichtet. Meldereiter brachten König Darius Nachrichten aus dem Westteil des Reiches in die Hauptstadt Persepolis.

Palästina und die Heimkehr aus dem Exil von etwa 540 v. Chr. an.

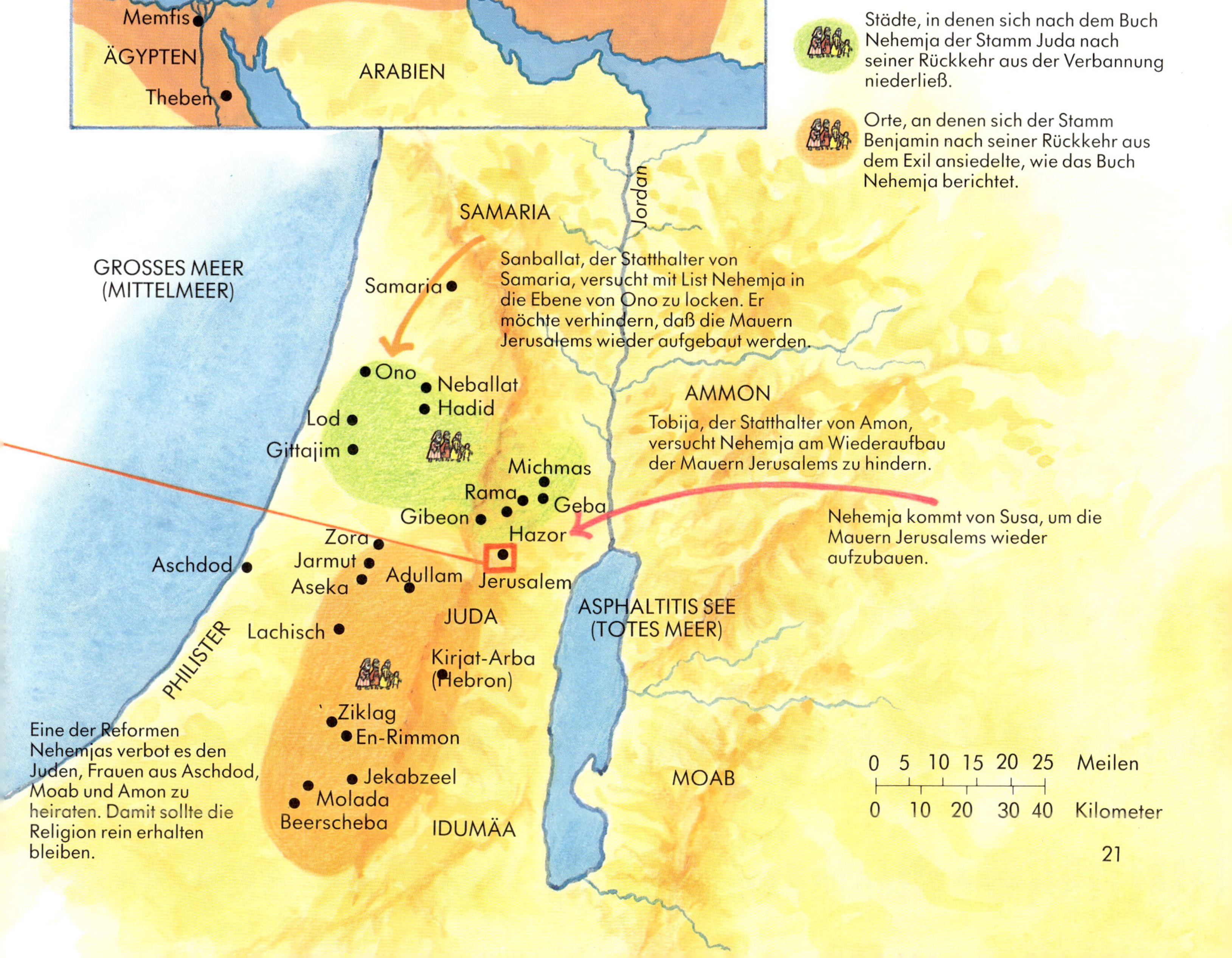

Die Geburt Jesu

Matthäus 1–2; Lukas 1,5–2,20

Die Macht der Perser wurde schließlich von den Griechen gebrochen. Nach Jahren des Kampfes zwischen den beiden Völkern, vor seinem Tod im Jahre 323 v. Chr., eroberte Alexander der Große schließlich große Gebiete des Nahen Ostens für Griechenland. Es war nicht nur eine militärische Eroberung. Alexander ermunterte die Griechen, sich in seinem gesamten Reich niederzulassen, sodaß griechisches Leben und Denken, griechische Sprache und Kultur, in diesem riesigen Raum sich ausbreiteten. Aus diesem Grunde wurde das Neue Testament Jahrhunderte später in griechischer Sprache niedergeschrieben.

In den folgenden drei Jahrhunderten nach dem Tode Alexanders eroberten die Römer Schritt für Schritt den größten Teil des Griechischen Reiches und auch viele andere Gebiete dazu. Die Römer zerstörten nicht was die Griechen schätzten, sondern fügten diesem ein wohlausgedachtes System von Gesetzen und Ordnungen, von Straßen und Wasserleitungen hinzu. Aber die Herrschaft über so verschiedenartige Völker und Länder war schwierig und auch teuer. Man schickte römische Soldaten überall ins Römische Reich hinaus. Darum waren die Steuern, die die Einheimischen zahlen mußten, hoch und die Römer nicht sehr beliebt.

Josef und Maria gingen nach Betlehem wegen einer Volkszählung. Diese sollte den Römern Informationen liefern, um Verwaltungs- und Militärbedürfnisse zu erfassen und daraus Steuern festzusetzen. Als sie dort waren, wurde Jesus in sehr ärmlichen Verhältnissen geboren. Das Aufsuchen des neugeborenen Kindes durch Hirten und Weisen, geleitet von einem ungewöhnlichen Stern am Himmel, wiesen das neugeborene Kind als etwas Besonderes aus.

Seit Generationen warteten die Juden auf die Ankunft eines Messias, eines Königs, der von König David abstammte und der ein Zeitalter einleiten würde, in dem das jüdische Volk das Königreich Gottes werden würde. Viele Juden dachten, dieser König würde ein Heerführer sein, der die römischen Herrscher besiegen würde. Als die Weisen Herodes dem Großen, dem König der Juden, von dem Stern und dem Kind berichteten, befahl dieser, alle Kinder unter zwei Jahren zu töten. Maria und Josef flohen mit dem Kind nach Ägypten, wo Jesus seine ersten Jahre verbrachte.

Diese römische Münze zeigt den Kopf von Augustus, der Kaiser von Rom war, als Jesus geboren wurde.

Das Griechische Reich 250 Jahre vor der Geburt Jesu.

Gerüche und Gewürze

Als die Weisen nach der Geburt Jesu nach Betlehem kamen, brachten sie Gold, Weihrauch und Myrrhe als Geschenke. Gewürze wurden verwendet, um Speisen und Getränke zu würzen und haltbar zu machen, aber auch als Medizin und für religiöse Handlungen. Sie waren oft sehr teuer.

Schneidet man die Rinde des Weihrauchbaumes an, quillt grünliches Harz hervor. Getrocknet wird es als wohlriechender Weihrauch vor allem bei Gottesdiensten verbrannt.

Schneidet man in die dicken Zweige des Myrrhestrauchs, so tropft daraus ein hellgelber dicker Saft. Dieser Saft wurde als Medizin, als Gewürz und als Grundlage für das heilige Öl im Tempel verwendet.

Das römische Reich zur Zeit Jesu.

Ereignisse zur Zeit der Geburt Jesu.

Das Leben Jesu

Tod und Auferstehung: Matthäus 21–28; Markus 11–16; Lukas 18–24; Johannes 12–21

Die Botschaft Jesu ist zeitlos – fast zweitausend Jahre nach dessen Tod leben Christen in der ganzen Welt nach dieser Lehre – das Wissen über den Ort und die Zeit, in der er lebte, hilft uns zu einem besseren Verständnis.

Jesu scheint nur für ungefähr drei Jahre gelehrt und gepredigt zu haben. In diesem Zeitraum reiste er viel, allerdings in einer ziemlich begrenzten Gegend. Er wirkte und lehrte hauptsächlich am Ufer des Sees Gennesaret; einige Zeit verbrachte er in Judäa; und regelmäßig pilgerte er zu den religiösen Hochfesten hinauf nach Jerusalem.

Jesus kannte die Geschichte seines Volkes, da er seit frühester Jugend die jüdischen Schriften studierte. Zum erstenmal begegnen wir dem Jungen Jesus, als er in Jerusalem zurückblieb, um mit den Schriftgelehrten im Tempel zu diskutieren. In seiner Lehre zitiert er oder verweist er oft auf die Heilige Schrift. Er betonte, daß er nicht gekommen sei, um die jüdische Religion zu verwerfen, sondern daß es auf den Glauben und die guten Taten eines jeden Menschen und nicht auf das mechanische Befolgen religiöser Gesetze ankommt. Obwohl er nie wörtlich den Anspruch erhob, der Messias der Juden zu sein, offenbarte er dennoch, daß er eine besondere Beziehung zu Gott hatte und daß andere Menschen durch ihn Gott kennenlernen könnten. Er lehrte auch, daß der Tod nicht das Ende eines Menschenlebens, sondern der Anfang des wirklichen Lebens, des Lebens des Menschen mit Gott sein kann.

Palästina war zur Zeit Jesu ein unruhiges Land. Die römischen Statthalter fürchteten immer einen Aufstand. Jeder, der eine Gruppe von Anhängern hatte, bedeutete eine Bedrohung. Johannes der Täufer, der auch Jesus taufte, wurde von Herodes hingerichtet. Die Wunder und Heilungen, die Jesus vollbrachte, um die Menschen an die Liebe Gottes zu erinnern, mußten die Behörden in Sorge versetzt haben. Sie glaubten das Problem lösen zu können, indem sie aufgrund einer erfundenen Anklage Jesu töten ließen.

Jesus aber stand am Sonntag nach seiner Hinrichtung von den Toten auf. Vor seiner Himmelfahrt, also bevor er zu seinem Vater zurückkehrte, versprach er seinen Jüngern, daß der Heilige Geist an seiner Stelle zu ihnen kommen würde.

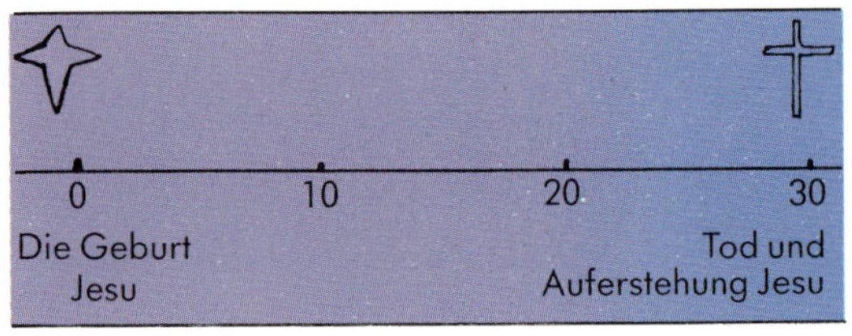

Jesu Leichnam wurde in ein Felsengrab gelegt und der Eingang mit einem großen Stein verschlossen. In der Umgebung Jerusalems gibt es heute noch solche Gräber zu besichtigen.

Menschenfischer

Jesus verbrachte einen großen Teil seines Lebens in der Nähe des Sees Gennesaret, wo der Fischfang einer der Haupterwerbszweige war. Den Fischfang erwähnt Jesus oft in seinen Predigten. Mindestens vier der Jünger Jesu waren von Beruf Fischer. Der See Gennesaret ist der am tiefstgelegene Süßwassersee der Welt – er liegt über 200 Meter unter dem Meeresspiegel, ist etwa 20 Kilometer lang und 10 Kilometer breit. Zum Fischen benutzte man ein kreisrundes Netz mit Gewichten.

Den *Tilapia*, auch Petrus Fisch genannt, fängt man heute noch im See Gennesaret. Zur Zeit des Neuen Testamentes war er wohl der am häufigsten gefangene Fisch.

Jerusalem
Damaskus Tor
Teich Betesda
...age des alten Steinbruchs
...mit Steinen aus der Zeit
...esu.
Römische Kasernen
Kidrontal
Der Ölberg ist ein Hügel östlich von Jerusalem. Am Fuße des Ölbergs liegt der Garten Getsemani.
Tempel
Golgota
Vorhof der Heiden
Königlicher Palast
Königlicher Säulengang
Türkische Mauer
Straße des Herodes
Teich Siloah
Stadtmauern
Tore
Wasserleitung
Teich
Dies ist möglicherweise der hohe Berg, wo sich Jesus seinen Jüngern in Verklärung zeigte.
Berg Hermon
Petrus erkennt in Jesus den Messias. Matthäus 16, 13–16.
Tyrus
Jesus besuchte diese Gegend und sprach zu den Leuten.
Cäsarea Philippi
ITURÄA
Im Wohnort von Andreas, Petrus und Phillipus machte Jesus einen Blinden sehend.
TRACHONITIS
Ptolemais
Chorazin
Betsaida-Julias
Kafarnaum
Kana
SEE GENNESARET
Tiberias
Das erste Wunder Jesu: eine Wandlung von Wasser in Wein auf einer Hochzeit.
Nazaret
Nain
Jesus erweckt den Sohn einer Witwe wieder zum Leben.
Cäsarea
Cäsarea wurde von Herodes dem Großen erbaut.
Salim
Änon
Johannes der Täufer tauft seine Jünger und Jesus.
Sebaste (Samaria)
Palästina zu Lebzeiten Jesu: Orte, die im Neuen Testament erwähnt werden, sind eingezeichnet
Sychar
Jordan
PERÄA
Antipatris
Hier wirkte Jesus einige seiner Wunder. Die Geschichte des guten Samariters ereignete sich auf der Straße von Jerusalem nach Jericho.
Joppe
Jericho
Lydda
Jerusalem
Jesus beauftragt zwei Jünger ein Fohlen zu finden, um in Jerusalem einzureiten.
Betanien
Der Wohnort von Maria, Marta und Lazarus.
Judäa – unter römischer Herrschaft. Von 26 n. Chr. war Pontius Pilatus Statthalter.
Azotus
Betlehem
Galiläa und Peräa – von Herodes Antipas regiert.
Ituräa und Trachonitis – von Philip regiert.
Gaza
WÜSTE VON JUDÄA
ASPHALTITIS SEE (TOTES MEER)
Philip und Herodes waren Söhne Herodes des Großen.
JUDÄA
0 5 10 15 20 25 Meilen
0 10 20 30 40 Kilometer

Paulus und die Urkirche

Apostelgeschichte; die Briefe des Paulus, Petrus, Jakobus und Johannes

Am Pfingsttag, wie bei jüdischen Festen üblich, waren die Jünger in Jerusalem versammelt. Die Verheißung Jesu erfüllte sich: Die Jünger empfingen den Heiligen Geist. Feuerzungen erschienen über ihren Köpfen und zur Verwunderung der Umstehenden, fingen sie an mit Menschen aus fremden Ländern ohne Schwierigkeiten zu reden. Sie begannen sofort, die frohe Botschaft von Jesus zu verkünden. Das war der Anfang der christlichen Kirche.

Alles, was sie besaßen, teilten die ersten Christen miteinander. Viele bewunderten sie wegen ihrer Lebensweise und ihres Mutes. Die Behörden waren besorgt über den wachsenden Zulauf. Saul war ein Mann, der die Christen im Auftrag der Behörden verfolgte.

Auf der Straße nach Damaskus, wo er Christen verhaften und vor Gericht bringen sollte, hörte Saul die Stimme Jesu. Er wurde für drei Tage blind. Als er das Augenlicht wieder erlangte, wurde Saul ein Christ, der ebenso wie jene, die er verfolgt hatte, ohne Furcht predigte. Später wurde er als Paulus bekannt. Seine Missionsreisen waren oft sehr schwierig und gefährlich. Aber er predigte unermüdlich die Botschaft von Jesus. Eine Reihe der Briefe des Paulus, worin er neuen Gemeinden Ratschläge erteilte und sie ermutigte, sind im Neuen Testament aufgenommen. Auch Briefe anderer Verfasser sind dort zu finden. Obwohl diese Briefe für Menschen geschrieben wurden, deren Lebensumstände und Probleme sehr verschieden waren von den unsrigen heute, erzählen sie deutlich von den Spannungen und Herausforderungen, die ein christliches Leben damals mit sich brachte.

Die Apostelgeschichte beschreibt die Seereise des Paulus nach Rom in lebhaften Bildern. Er segelte während einer der schlimmsten Jahreszeiten auf einem Frachtschiff, das Getreide nach Italien brachte. Das Getreide aus Ägypten war für das Römische Reich ebenso wichtig wie für die Israeliten zur Zeit Josefs.

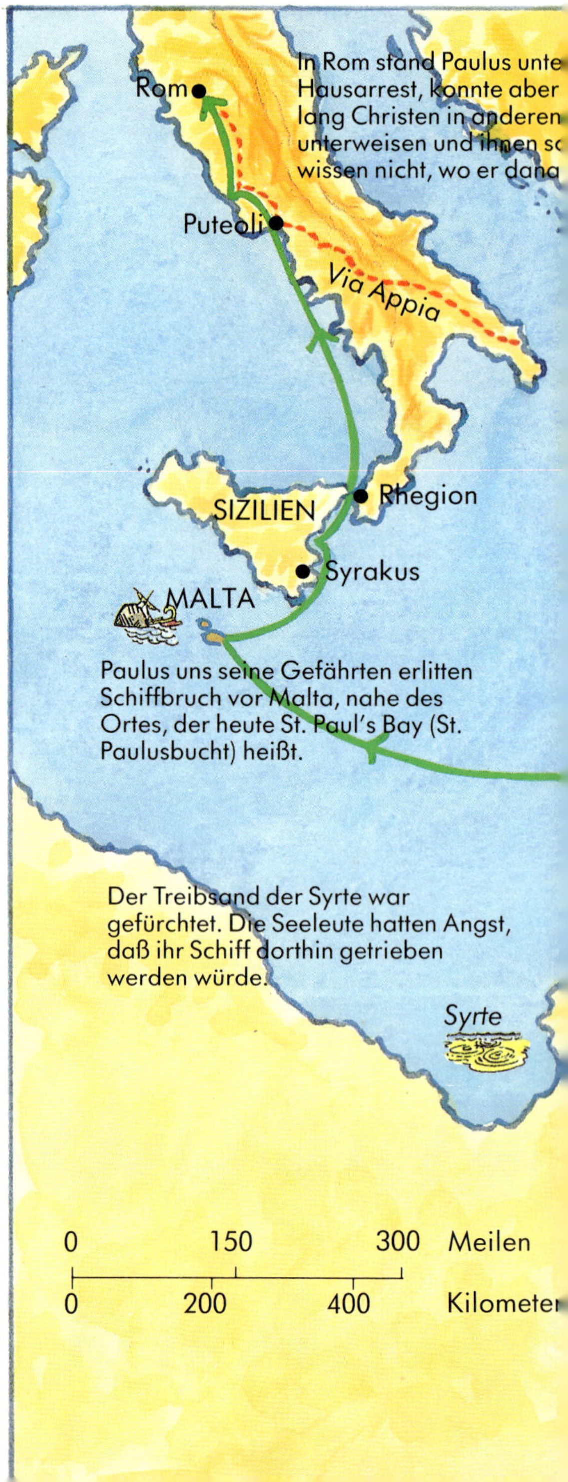

Kriechtiere

Als Paulus auf Malta Schiffbruch erlitt, waren die Einheimischen erstaunt, daß ihm eine giftige Natter nichts antat. Damit überzeugte er sie, daß er kein gewöhnlicher Mensch war. In der Bibel sind weitere Kriechtiere erwähnt. Sie sind der lebendige Beweis für die Macht Gottes. Heuschreckenschwärme können verheerenden Schaden verursachen, wie die Ägypter zur Zeit Mose erfuhren. Skorpione leben in der Wüste und sind wegen ihres schmerzhaften Stiches in der Bibel erwähnt. Wenn die Bibel von Würmern spricht, sind fast immer Maden gemeint.

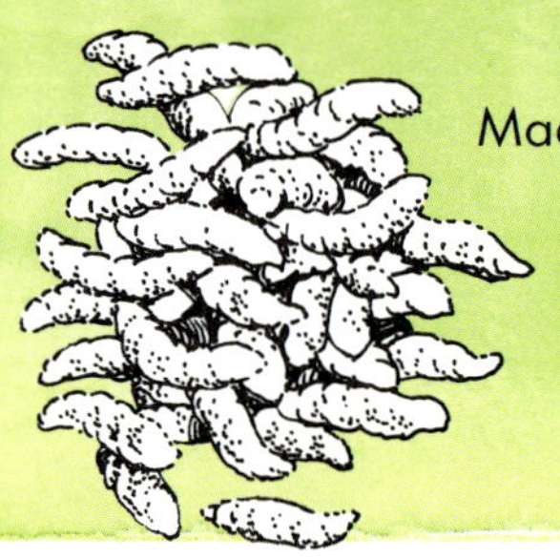

Rom war die Hauptstadt des Römischen Reiches. Als Paulus verhaftet wurde, nutzte er als römischer Bürger sein Vorrecht, sich direkt an den Kaiser zu wenden. Seine Reise nach Rom war sehr ereignisreich und er wurde in Rom von christlichen Freunden, die dort schon länger lebten, aufgenommen.

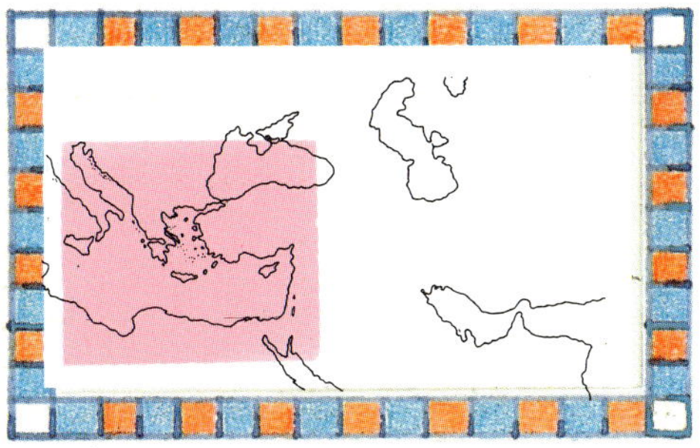

Das letzte Buch des Neuen Testamentes ist die Johannes Offenbarung, wahrscheinlich gegen Ende des ersten Jahrhunderts n. Chr. geschrieben. Johannes war auf der Insel Patmos im Exil, als die Christen unter der scharfen Verfolgung des römischen Kaisers Domitian litten. Es ist ein Buch voller Dichtung und Visionen, mit der Botschaft, daß Jesus trotz aller Schwierigkeiten siegen werde.

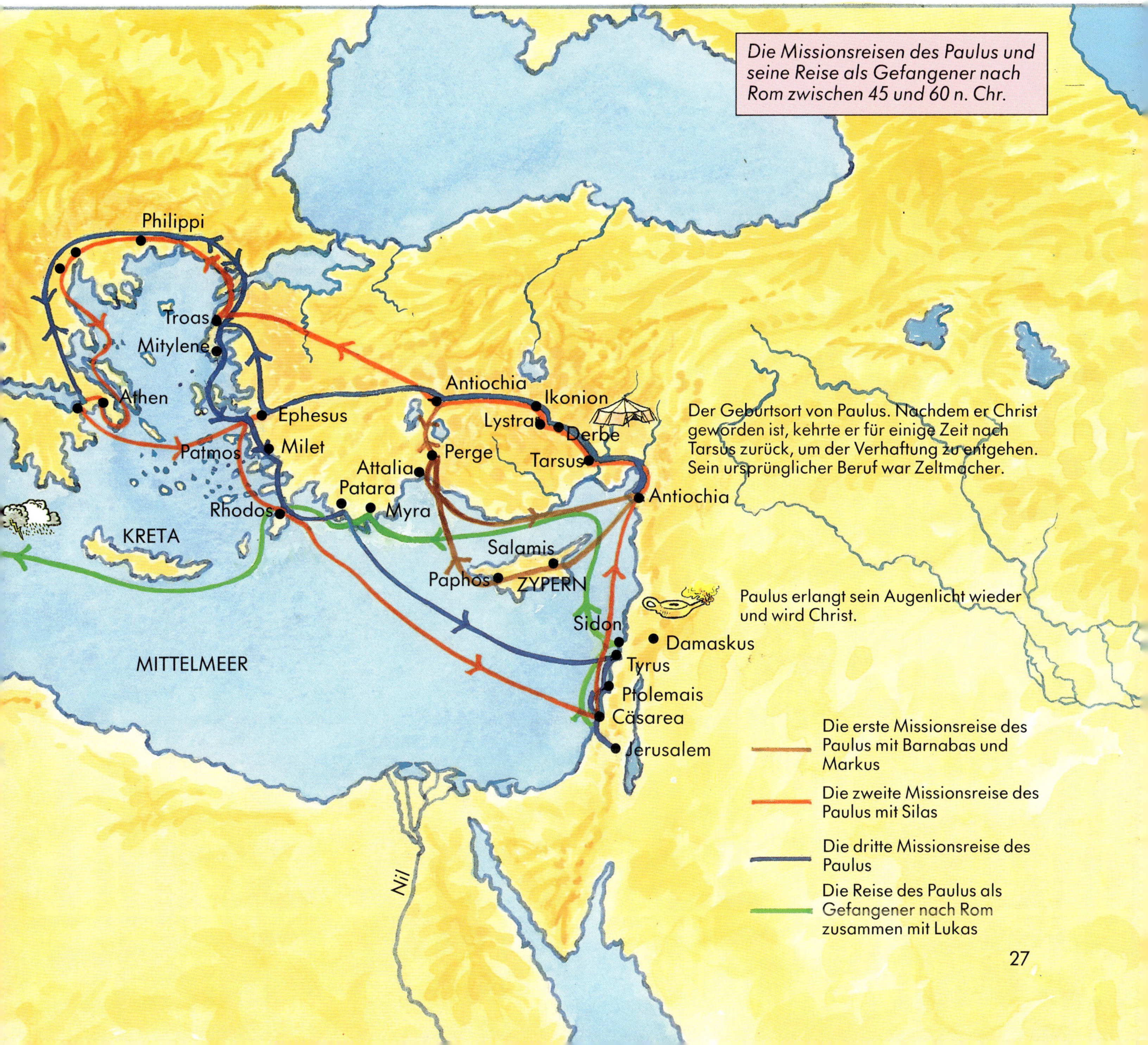

Die Missionsreisen des Paulus und seine Reise als Gefangener nach Rom zwischen 45 und 60 n. Chr.

Ortsverzeichnis

Die Welt des Neuen Testamentes

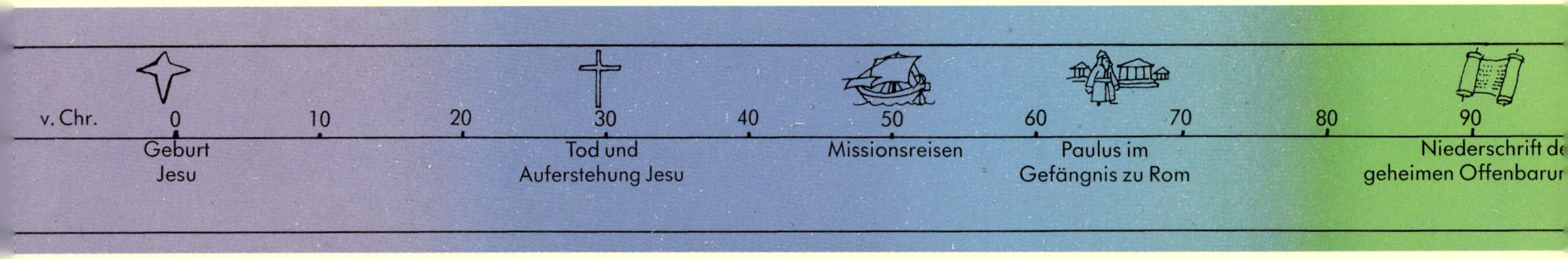